Claudia
scenario :
pat mills
dessin :
franck tacito
traduction :
jacques collin
lettrage :
anne drano

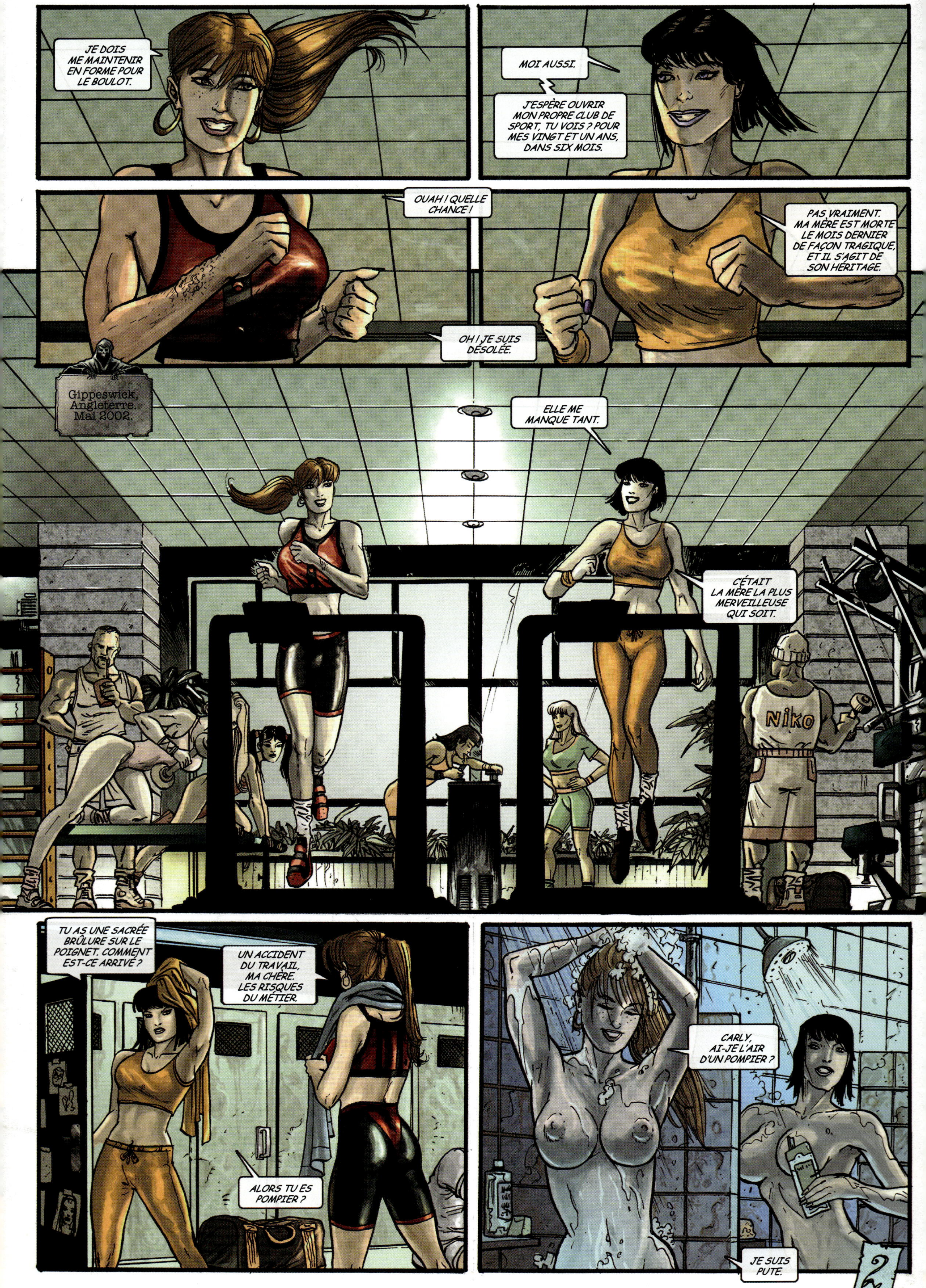
JE DOIS ME MAINTENIR EN FORME POUR LE BOULOT.
MOI AUSSI.
J'ESPÈRE OUVRIR MON PROPRE CLUB DE SPORT, TU VOIS ? POUR MES VINGT ET UN ANS, DANS SIX MOIS.
OUAH ! QUELLE CHANCE !
PAS VRAIMENT. MA MÈRE EST MORTE LE MOIS DERNIER DE FAÇON TRAGIQUE, ET IL S'AGIT DE SON HÉRITAGE.
OH ! JE SUIS DÉSOLÉE.
Gippeswick, Angleterre. Mai 2002.
ELLE ME MANQUE TANT.
C'ÉTAIT LA MÈRE LA PLUS MERVEILLEUSE QUI SOIT.
NIKO
TU AS UNE SACRÉE BRÛLURE SUR LE POIGNET. COMMENT EST-CE ARRIVÉ ?
UN ACCIDENT DU TRAVAIL, MA CHÈRE. LES RISQUES DU MÉTIER.
ALORS TU ES POMPIER ?
CARLY, AI-JE L'AIR D'UN POMPIER ?
JE SUIS PUTE.

ÇA NE TE CHOQUE PAS ?
NON, EN FAIT. LES HOMMES ONT LEURS BESOINS.
OUI. MOI J'AI LES MIENS, ET J'ADORE ME FAIRE PAYER POUR MON PASSE-TEMPS FAVORI.
LE MÉTIER A SES RISQUES, COMME TOUS LES AUTRES.
IL Y A QUELQUES SEMAINES, PAR EXEMPLE, DES CINGLÉS M'ONT EMBAUCHÉE POUR CE QUE JE CROYAIS ÊTRE UNE ORGIE.
EN FAIT, C'ÉTAIT UN RITUEL DE MAGIE NOIRE.
DE LA MAGIE NOIRE ?!
LA FEMME QUI ORGANISAIT TOUT ÇA, LA «GARDIENNE», ÉTAIT VRAIMENT EFFRAYANTE.
ELLE VOULAIT ME SACRIFIER AUX DÉMONS DES ENFERS !...
... COMME C'ÉTAIT UNE FEMME, J'AVAIS CRU QUE ÇA IRAIT. ILS SONT VENUS ME PRENDRE EN ROLLS, ET M'ONT EMMENÉE DANS UN TEMPLE SOUTERRAIN...
... ILS M'ONT ALLONGÉE AU MILIEU D'UN PENTACLE. AVEC DE L'ENCENS, ET DES INCANTATIONS, ET TOUT. BON, JE LES AI LAISSÉS M'ATTACHER : LA FEMME M'AVAIT DIT QUE ÇA LES EXCITERAIT...
NOUS ALLONS COMMENCER PAR L'HYMNE À PAN.
EXCELLENTE IDÉE, GARDIENNE. APRÈS TOUT, C'EST À ONCLE ALEISTER QUE NOUS DEVONS L'INCANTATION QUI OUVRE LA PORTE.

CE TEMPLE ÉTAIT VRAIMENT INCROYABLE. ILS PORTAIENT TOUS DES MASQUES. MAIS ON POUVAIT DIRE À LEURS VOIX QU'ILS ÉTAIENT VIEUX...
Frémis du désir souple de la lumière, Ô homme ! Mon homme ! Viens vite de la nuit De Pan ! Iô Pan !
... À PART LA GARDIENNE. ELLE, ELLE DEVAIT AVOIR LA CINQUANTAINE...
... PUIS J'AI VU SORTIR DES FLAMMES DE CE VIEUX PUITS.
Viens, Ô viens ! Je suis engourdi Du désir lascif solitaire de l'empire du diable !
Les grandes bêtes viennent, Iô Pan ! Je suis porté À la mort sur la corne De l'Unicorne. Je suis Pan ! Iô Pan ! Iô Pan ! Pan !
AU SECOURS !
CE N'EST PAS LA PEINE DE TE DÉBATTRE, MA CHÈRE... LES DIABLES EXIGENT LEUR DÛ.

... MAIS L'UN DES VIEILLARDS S'EST TROP EXCITÉ...
AAAHH !
COLONEL !
JE CROIS QUE C'EST UNE CRISE CARDIAQUE !
... COMME LA GARDIENNE ÉTAIT DISTRAITE, J'AI TENTÉ MA CHANCE...
IL FAUT QUE JE FILE D'ICI !
IL ARRIVE !
TRÈS BIEN. ALORS NOUS ALLONS POURSUIVRE LA CÉRÉMONIE.
CLAUDIA ! LE SACRIFICE PREND LA FUITE !
ARRÊTE-LA, OU C'EST TOI QUE LES DIABLES PRENDRONT POUR LEUR DÛ !

... IL Y AVAIT UNE BOUTIQUE EN HAUT. JE L'AI TRAVERSÉE...
... MAIS CETTE PUTAIN DE PORTE NE S'OUVRAIT PAS...
OH NON ! MON DIEU ! PAR PITIÉ, OUVRE-TOI ! PAR PITIÉ !
QUELQU'UN DOIT PAYER. C'EST TOI OU MOI.
CLOSED
NE M'APPROCHEZ PAS !
... J'AI PRIS CE QUI ME PASSAIT SOUS LA MAIN POUR BRISER UNE VITRE ET J'AI FILÉ...
... L'ALARME S'EST DÉCLENCHÉE. C'EST PEUT-ÊTRE CE QUI L'A EMPÊCHÉE DE ME SUIVRE.
OÙ EST CETTE BOUTIQUE ?
IL VAUT MIEUX QUE TU NE LE SACHES PAS.
J'ESPÈRE NE JAMAIS REVOIR CETTE IMMONDE SALOPE ! ELLE S'APPELAIT CLAUDIA. PFOU !
CLAUDIA ?
QU'EST-CE QUI T'ARRIVE ? TU AS L'AIR SECOUÉE.
OH, C'EST JUSTE UNE COÏNCIDENCE, MAIS...
MA MÈRE S'APPELAIT CLAUDIA.

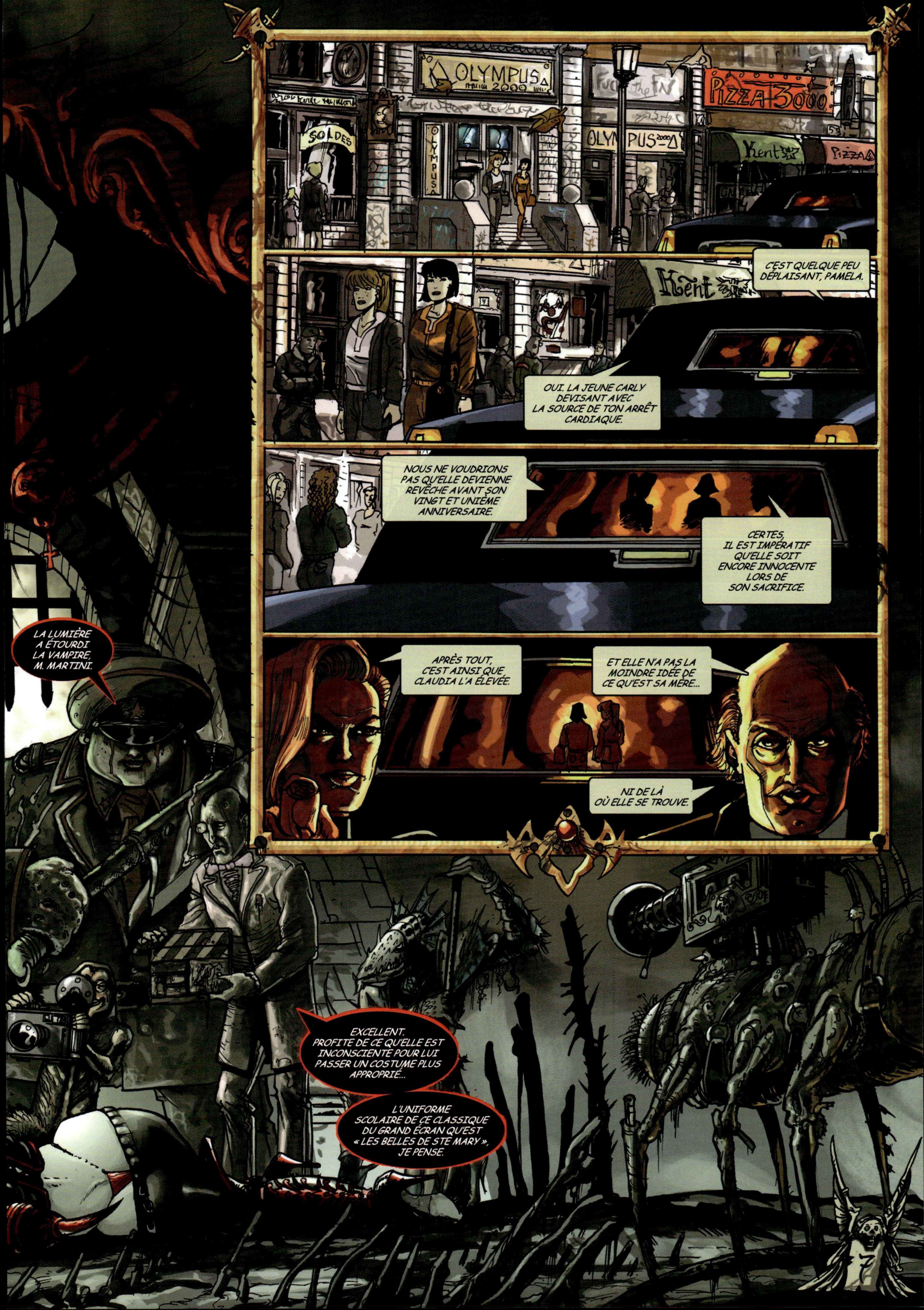
SOLDES
OLYMPUS
PIZZA 3000
C'EST QUELQUE PEU DÉPLAISANT, PAMELA.
OUI. LA JEUNE CARLY DEVISANT AVEC LA SOURCE DE TON ARRÊT CARDIAQUE.
NOUS NE VOUDRIONS PAS QU'ELLE DEVIENNE REVÊCHE AVANT SON VINGT ET UNIÈME ANNIVERSAIRE.
CERTES, IL EST IMPÉRATIF QU'ELLE SOIT ENCORE INNOCENTE LORS DE SON SACRIFICE.
APRÈS TOUT, C'EST AINSI QUE CLAUDIA L'A ÉLEVÉE.
ET ELLE N'A PAS LA MOINDRE IDÉE DE CE QU'EST SA MÈRE...
NI DE LÀ OÙ ELLE SE TROUVE.
LA LUMIÈRE A ÉTOURDI LA VAMPIRE, M. MARTINI.
EXCELLENT. PROFITE DE CE QU'ELLE EST INCONSCIENTE POUR LUI PASSER UN COSTUME PLUS APPROPRIÉ...
L'UNIFORME SCOLAIRE DE CE CLASSIQUE DU GRAND ÉCRAN QU'EST « LES BELLES DE STE MARY », JE PENSE.

TOI D'ABORD, JACKAL. JE PRÉFÈRE REGARDER.
MERCI, M. MARTINI.
QUI... MAIS QU'ES-TU DONC ?
JE M'APPELLE JACKAL L'ÉVENTREUR.
ET TU ES ASSISE SUR MA CHAISE.
C'EST LÀ QUE TOUTES LES AUTRES PROSTITUÉES AURAIENT DÛ FINIR.
J'EN NETTOYAIS LES RUES... TOUTES CES IDIOTES, CES EFFRONTÉES, CES DÉSESPÉRÉES... ELLES USAIENT DE LEUR CORPS POUR AVOIR UN POUVOIR SUR LES HOMMES.
QU'EST-CE QUI S'EST PASSÉ ? LE VIAGRA NE MARCHAIT PAS, ALORS TU AS PASSÉ TES FRUSTRATIONS SUR ELLES ?

AINSI, TU AIMES ATTACHER TES VICTIMES ET LES TORTURER À MORT ?
TU MENS ! TU MENS ÉHONTÉMENT ! JE N'AURAIS JAMAIS POLLUÉ MON CORPS EN ELLES !
MAIS MOI JE SUIS DÉJÀ MORTE, ALORS À QUOI BON ?
OH, TU VAS TOUT DE MÊME SENTIR LA DOULEUR, MA CHÈRE.
ET FORT !
TCHACK !!
EH BIEN, C'ÉTAIT AMUSANT.
À QUI LE TOUR ?

PAUVRE JACKAL. MAIS CE FUT AU MOINS UNE FIN APPROPRIÉE.
VOYONS CE QUE NEEDLE DICK A PRÉPARÉ POUR ELLE.
TRÈS BIEN, M. MARTINI. JE BASCULE DU PLATEAU «A»...
... AU PLATEAU «B».
QUELLE JOLIE COLLECTION D'INSECTES.
ILS BOUGENT ENCORE.
JE COMMENCE À AVOIR FAIM. OÙ EST MA PROCHAINE VICTIME ?
TIC! TIC!
MOULINONS LA SALOPE ! MOULINONS LA SALOPE !
ILS NE ME DÉRANGENT PAS.
L'ENTRAÎNEMENT DE CHEVALIER VAMPIRE INCLUT UN BAIN DE TARENTULES.
OH, JE SUIS TERRIFIÉE !
MOULINEUR...
TU ES TOUT MOU À L'INTÉRIEUR !
ALORS TU AIMES FAIRE DU MAL AUX INSECTES...
EH BIEN MAINTENANT C'EST TON TOUR !
PROFITEZ-EN, MES CHÉRIS. C'EST CLAUDIA QUI RÉGALE !

ELLE EST PLUS FORTE QUE JE NE L'AURAIS CRU.
QU'Y A-T-IL ENSUITE, GROZNY ?
« LA REVANCHE DES CLOPORTES MORTS-VIVANTS »
SÛR QUE ÇA VA NOUS VALOIR AU MOINS L'OS D'OR !
EN VEDETTE : E-RECTUM.
C'ÉTAIT LE BARRACUDA ULTIME, SUR TERRE. CELLES QU'IL N'ARRIVAIT PAS À HARPONNER, IL LES TUAIT.
EH, TU PUES ! TU SENS LE MERLU !
MOULINONS LA SALOPE ! MOULINONS LA SALOPE !
11

C'EST VENDREDI ! LE JOUR DU POISSON !
QUELLE FEMME REMARQUABLE.
JE NE VOUDRAIS PAS JOUER LES RABAT-JOIE, M. MARTINI, MAIS CE N'EST PAS DANS LE SCRIPT.
NE T'INQUIÈTE PAS, GROZNY.
CELA S'APPELLE L'IMPROVISATION.
TOUS LES GRANDS ACTEURS FONT ÇA.
TOUT CE QUI COMPTE, C'EST QU'À LA FIN, ELLE NE S'ÉLOIGNE PAS DOUCEMENT VERS LE SOLEIL COUCHANT.
IL N'Y EN AVAIT PAS DE COMME ÇA SUR TERRE.
UN TOBOGGAN ! C'EST GÉANT !
C'EST GÉNIAL, LA MORT !
ENCORE !

QUEL ENGIN !
MAIS TU SAIS CE QU'ON DIT...
GROS FLINGUE, 'TITE BITE !
PERSONNE NE SE MOQUE DE MOI !
BANG!
DÉSOLÉE, JE N'AVALE PAS.
PITIÉ !
SORS DE LÀ !
AUCUNE CHANCE !
J'AI UN CADEAU POUR TOI !
JE SAIS !
SORS DE LÀ, J'AI ENVIE DE TOI.
JE NE TE CROIS PAS.
J'AI BESOIN DE TOI.
JE NE TE CROIS TOUJOURS PAS.
JE VEUX TON GOÛT EN MOI.
AHAA !
J'AI DIT LA VÉRITÉ...
GLANDU !

PLATEAU PRINCIPAL - C'EST À VOUS !
PUS PUSSY EST PRÊTE POUR SA GRANDE SCÈNE AVEC CLAUDIA.
UNHOLYWOOD... INCROYABLE...
LES STUDIOS MAUDITS DE RÉSURRECTION. J'EN AVAIS ENTENDU PARLER DURANT MA FORMATION...
CE N'EST DONC PAS UNE LÉGENDE URBAINE.
AH ! SALOPE, TU ES LÀ !
TU VAS PAYER POUR CE QUE TU M'AS FAIT !
TU AS DÉTRUIT MES IMPLANTS PRÉFÉRÉS !
14

JE LES TENAIS DE LOLO BUGATTI.
DES PIÈCES DE COLLECTION.
NE, TINQUIÈTE PAS POUR TES IMPLANTS, MA POUFFE.
DICK!
DICK!
DICK!
DICK!
DICK!
JE CONNAIS PERSONNELLEMENT LE CHIRURGIEN DE PAMELA PETERSON... IL VA S'OCCUPER DE TOI.
PAR CONTRE, POUR TA TRONCHE...
... MÊME LUI NE POURRA RIEN FAIRE.

OH ! OH !
HUMM...
BOUH !
ATTENDS...
JE VAIS TE DÉTRUIRE D'UNE FAÇON QUE TU NE CONNAIS PAS !
NON MERCI !
OÙ ES-TU ?
ACTION !
DERRIÈRE TOI !
C'EST MOI QUI AI ÉCRIT LE SCÉNARIO, ET À LA FIN IL DIT QUE TU EXPIRES.
N'EST-CE PAS, GROZNY ?
C'EST ÉCRIT : JE DÉPÈCE. JE FAIS CUIRE. JE MANGE.
PAUVRE TARÉ ! C'EST TES EXCRÉMENTS QUE TU VAS MANGER !
16

JE VAIS ME SERVIR DE TES CANINES POUR ME GRATTER LE DOS ET LE NEZ !
ET JE VAIS TE FARCIR DE FAÇON SOIGNÉE !
QUAND J'EN AURAI FINI AVEC TOI, TU HALÈTERAS PLUS QUE MOI, MA PETITE DEVUSHKA !
J'ATTENDRIS LA VIANDE AVANT DE DÉSOSSER.
ARRÊTE DE ME BAVER DESSUS, SALE PORC ADIPEUX !
TU TE CONDUIS COMME SI TU ÉTAIS UNE STAR. MAIS MOI, J'AI CONNU DES VRAIES STARS, SUR TERRE.
AVEC MOI ELLES ONT EU CE QU'ELLES MÉRITAIENT. LE DERNIER PLAN DE LEUR HISTOIRE. UN BON PLAN.
PARCE QU'ELLES M'AVAIENT HUMILIÉ. ELLES NE RÉPONDAIENT JAMAIS À MES LETTRES ET À MES QUESTIONS. JE N'AI JAMAIS OBTENU LA RECONNAISSANCE DUE À UN VRAI FAN.
ESPÈCE DE TARÉ CONGÉNITAL !
MON AMOUR NE MÉRITAIT-IL PAS QUELQUE CHOSE EN RETOUR ? UN PEU DE LINGERIE, PAR EXEMPLE ? MAIS QU'ONT-ELLES FAIT ?
ELLES ONT LÂCHÉ LES CHIENS.
QUEL RAPPORT AVEC MA RAIE GÉNITALE ? ELLES M'EN PARLAIENT AUSSI QUAND JE LES REGARDAIS PAR LEURS FENÊTRES...
...OU QUE JE FOUILLAIS LEURS POUBELLES.
ELLES ÉTAIENT TELLEMENT ÉGOÏSTES.
ELLES REFUSAIENT DE PARTAGER LA MOINDRE INTIMITÉ.
MAIS À MON ARRIVÉE SUR RÉSURRECTION, J'AI ÉTÉ RÉCOMPENSÉ.
ON M'A PLACÉ À LA TÊTE DES STUDIOS D'UNHOLYWOOD.
MON RÔLE : PRODUIRE DES SNUFF MOVIES POUR DES VAMPIRES DÉGÉNÉRÉS.
MAIS CELUI-CI EST TRÈS PARTICULIER...
POUR LA PREMIÈRE FOIS, LA STAR EST UNE VAMPIRE...

LÂCHE TON ARME, MARTINI.
CLAUDIA, TU VAS BIEN ?
C'EST DANS LE SCÉNARIO ?
PAS VRAIMENT.
ALORS IL FAUT FILER. ILS SONT MIEUX ARMÉS.
À PLUS, JOLIE KEBAB ! TU AURAS BIENTÔT VRAIMENT LE CUL BORDÉ DE NOUILLES !
ON SE REVERRA, PRIMA DONNA. JE N'AI PAS DIT MON DERNIER MOT.
MERDE, C'ÉTAIT SERRÉ.
TU AS EU DE LA CHANCE DE T'EN SORTIR...
C'ÉTAIT GROZNY PORK. CANNIBALE RUSSE ET TUEUR EN SÉRIE. IL A ARRACHÉ ET MANGÉ LES MEMBRES DE L'UN DE NOS MEILLEURS HOMMES.
L'INSPECTEUR GOL GOTHA.
RIEN QUE LE REGARDER ME DONNE ENVIE DE ME DÉSINFECTER.
DOMMAGE QUE LE PÈLERIN AIT FILÉ, PARCE QU'IL DOIT SAVOIR COMMENT REVENIR SUR TERRE...
ET IL FAUT QUE J'Y RETOURNE POUR SACRIFIER CARLY !

Abbaye de Vatra, Crematorium vampire
MES CHERS CONDISCIPLES, NOUS SOMMES RÉUNIS ICI POUR RENDRE HOMMAGE À QUATRE DES NÔTRES, TROP TÔT ENLEVÉS À NOS RANGS PAR L'ASSASSIN COMMUNÉMENT APPELÉ « LE PÈLERIN ».
ASSOCIONS AINSI À NOS MALÉDICTIONS STÉPHANE, FILS DU COMTE DRACULA, RÉDUIT EN CENDRES PAR L'ARBALÈTE DE CETTE MÉPRISABLE ENGEANCE.

AINSI QUE GROB SMRT,
UBICA ZUB,
ET KRVAVA MARY.
OU, POUR CEUX D'ENTRE VOUS QUI NE PARLENT PAS TRANSYLVANIEN, « LE FOSSOYEUR », « DENTS D'ACIER » ET « MARIE LA SANGLANTE ».
CRUELLEMENT EMPORTÉS PAR LES TRAITS D'ARGENT DU PÈLERIN.
« ILS ÉTAIENT GRANDS. MAINTENANT ILS SONT LONGS. »

C'EST UN JOUR PARTICULIÈREMENT TRISTE POUR LA COMTESSE ELISABETH BATHORY, LA BELLE-MÈRE DE STÉPHANE, QUI A PERDU L'UN DE SES GARÇONS FAVORIS.
TOUS DEUX ÉTAIENT PARTICULIÈREMENT PROCHES.
STÉPHANE AVAIT UNE GRANDE ADMIRATION POUR LUI-MÊME ET NE S'INQUIÉTAIT JAMAIS DES AUTRES. AINSI, CE JOUR OÙ IL FIT FERMER L'AUTOROUTE ENTRE LE SPACEPORT ET NÉCROPOLIS DANS LE SEUL BUT D'ESSAYER SA NOUVELLE VOITURE DE SPORT.
UN TEL ÉGOCENTRISME EST ADMIRABLE.
AINSI, LA STATION RADIO QUE SON PÈRE LUI AVAIT OFFERTE POUR SON ANNIVERSAIRE. ELLE LUI AVAIT PERMIS DE NOUS FAIRE PARTAGER SA FASCINATION POUR UNE CHANSON QU'IL AVAIT COMPOSÉE, ET QU'IL PROGRAMMA EN CONTINU, JOUR ET NUIT, DURANT DEUX ANS.
« TU VEUX VENIR DANS MON CERCUEIL ? »
COMMENT OUBLIER CES PAROLES INSPIRÉES : « JE VEUX PLANTER MES CANINES DANS TES FESSES. JE SAIS QUE ÇA VA TE PLAIRE. »
CES PAROLES RESTERONT À JAMAIS GRAVÉES AU PLUS PROFOND DE NOS MÉMOIRES.
21

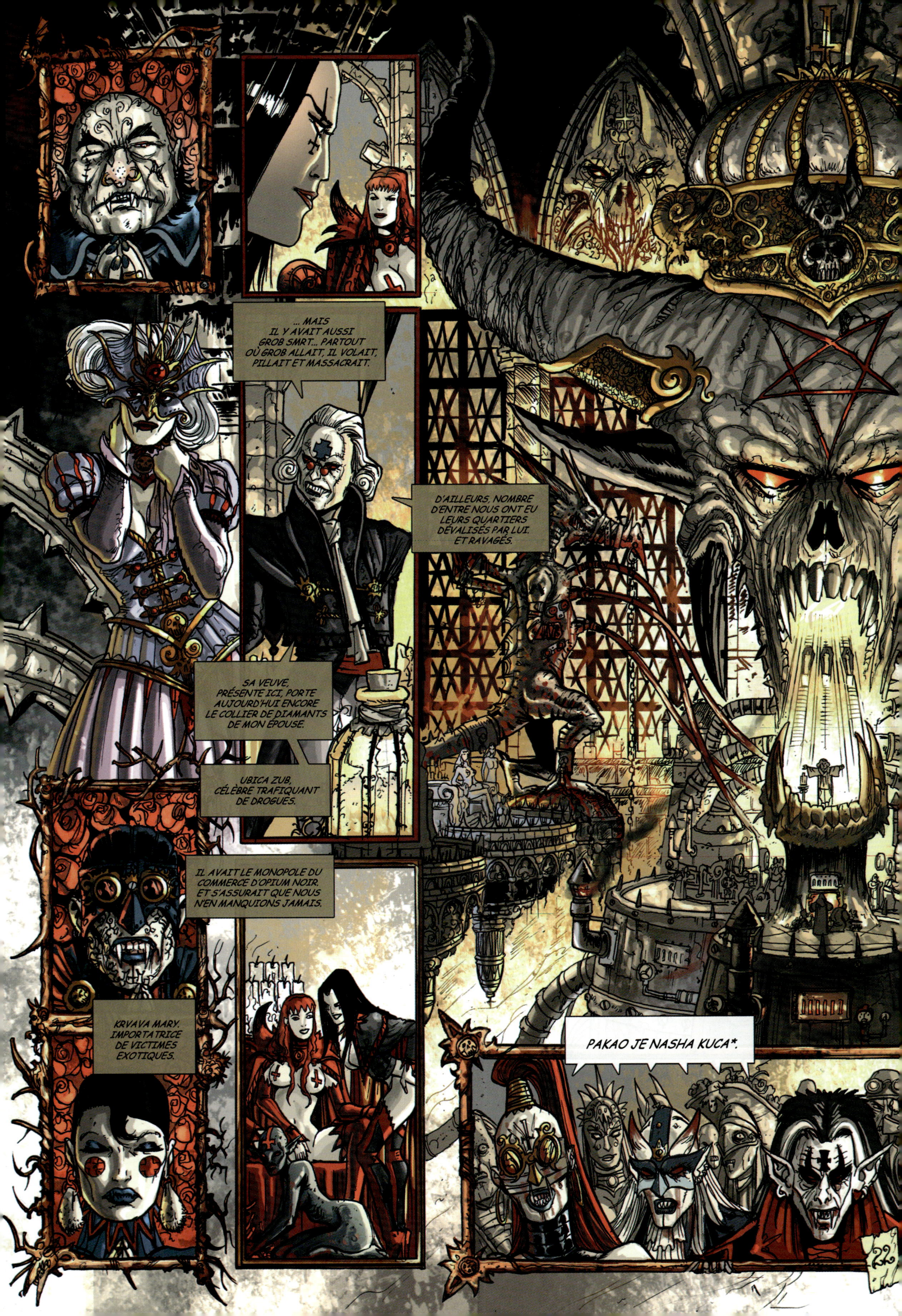
... MAIS IL Y AVAIT AUSSI GROB SMRT... PARTOUT OÙ GROB ALLAIT, IL VOLAIT, PILLAIT ET MASSACRAIT.
D'AILLEURS, NOMBRE D'ENTRE NOUS ONT EU LEURS QUARTIERS DÉVALISÉS PAR LUI. ET RAVAGÉS.
SA VEUVE, PRÉSENTE ICI, PORTE AUJOURD'HUI ENCORE LE COLLIER DE DIAMANTS DE MON ÉPOUSE.
UBICA ZUB, CÉLÈBRE TRAFIQUANT DE DROGUES.
IL AVAIT LE MONOPOLE DU COMMERCE D'OPIUM NOIR. ET S'ASSURAIT QUE NOUS N'EN MANQUIONS JAMAIS.
KRVAVA MARY, IMPORTATRICE DE VICTIMES EXOTIQUES.
PAKAO JE NASHA KUCA*.
22

* L'enfer est à nous.

QUEL FESTIN !
PUIS-JE PARTAGER CE BICEPS ?
ARRÊTEZ ! C'EST INCONVENANT !
OUPS !
AHHH ! IL Y A DE LA GRAISSE PARTOUT !
PAS GRAVE. METTONS UN PEU DE STÉPHANE DESSUS.
BONNE IDÉE. TU ES INGÉNIEUSE.
24

JE PRÉFÈRE LE BLANC.
MOI, LE SOT-L'Y-LAISSE.
VIRE TES CANINES !
D'UN AUTRE CÔTÉ...
SALUT STÉPHANE !
TAP!
MALÉDICTION ! JE ME SUIS CASSÉ UNE DENT SUR UNE BALLE EN ARGENT !
ALLONS, TU PEUX LA REMPLACER AVEC L'ARGENT.
JE ME SENS UN PEU CHOSE...
TU VEUX DIRE QUE TU ES AMOUREUX ?
NON, JE VEUX DIRE QUE J'HALLUCINE.
QU'EST-CE QUE TU MANGES ?
LE FOIE DE ZUB.
ALORS RIEN D'ÉTONNANT.

STÉPHANE ÉPICE PLUTÔT BIEN LES CHOSES.
LES FESSES DE MARIE LA SANGLANTE SONT FRANCHEMENT GRASSES.
ESSAIE PLUTÔT SA LANGUE.
BONNE IDÉE. J'AI DÉJÀ EU SA LANGUE DANS MA BOUCHE, MAIS JE CROIS QUE CETTE FOIS-CI, LA SENSATION SERA DIFFÉRENTE.
DÈS QUE JE T'AI VUE, J'AI SU QUE NOUS AVIONS BEAUCOUP EN COMMUN.
OH ! C'EST MON MORCEAU FAVORI, À MOI AUSSI !
ET J'EN AI DEUX AUTRES DE CÔTÉ POUR PLUS TARD.

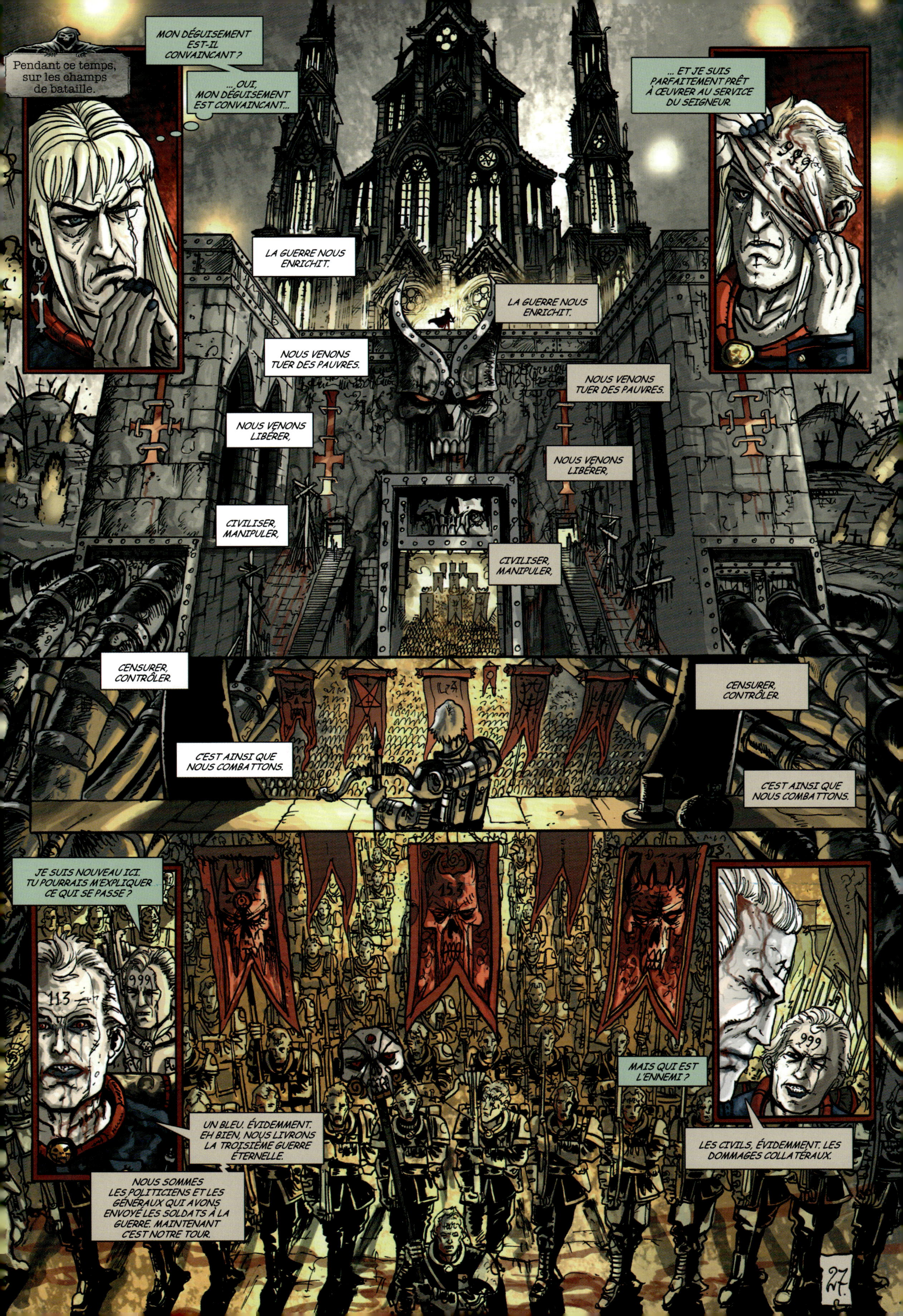
Pendant ce temps, sur les champs de bataille.
MON DÉGUISEMENT EST-IL CONVAINCANT ?
... OUI, MON DÉGUISEMENT EST CONVAINCANT...
... ET JE SUIS PARFAITEMENT PRÊT À ŒUVRER AU SERVICE DU SEIGNEUR.
LA GUERRE NOUS ENRICHIT.
LA GUERRE NOUS ENRICHIT.
NOUS VENONS TUER DES PAUVRES.
NOUS VENONS TUER DES PAUVRES.
NOUS VENONS LIBÉRER,
NOUS VENONS LIBÉRER,
CIVILISER, MANIPULER,
CIVILISER, MANIPULER,
CENSURER, CONTRÔLER.
CENSURER, CONTRÔLER.
C'EST AINSI QUE NOUS COMBATTONS.
C'EST AINSI QUE NOUS COMBATTONS.
JE SUIS NOUVEAU ICI. TU POURRAIS M'EXPLIQUER CE QUI SE PASSE ?
UN BLEU. ÉVIDEMMENT. EH BIEN, NOUS LIVRONS LA TROISIÈME GUERRE ÉTERNELLE.
NOUS SOMMES LES POLITICIENS ET LES GÉNÉRAUX QUI AVONS ENVOYÉ LES SOLDATS À LA GUERRE. MAINTENANT C'EST NOTRE TOUR.
MAIS QUI EST L'ENNEMI ?
LES CIVILS, ÉVIDEMMENT. LES DOMMAGES COLLATÉRAUX.

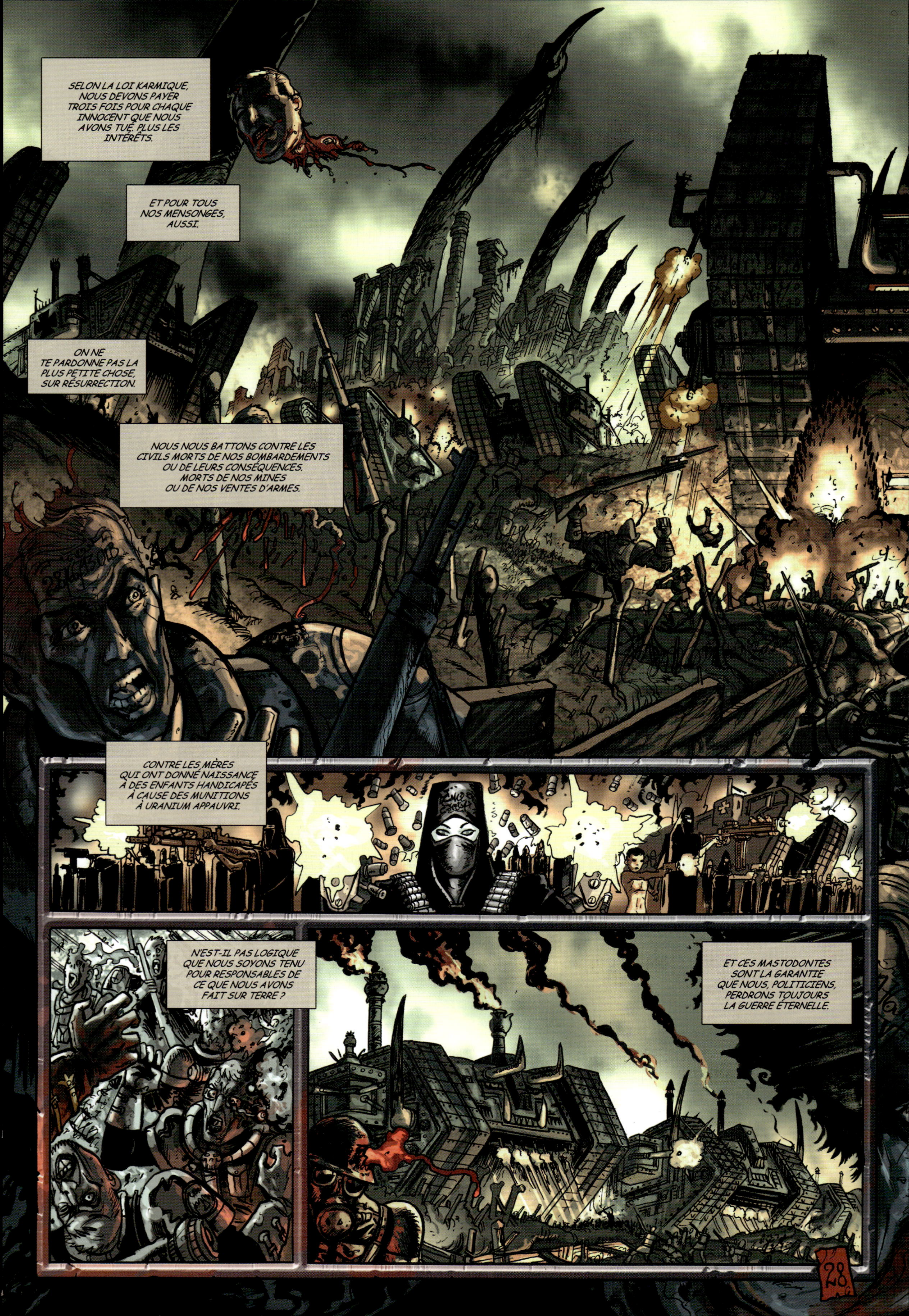
SELON LA LOI KARMIQUE, NOUS DEVONS PAYER TROIS FOIS POUR CHAQUE INNOCENT QUE NOUS AVONS TUÉ, PLUS LES INTÉRÊTS.
ET POUR TOUS NOS MENSONGES, AUSSI.
ON NE TE PARDONNE PAS LA PLUS PETITE CHOSE, SUR RÉSURRECTION.
NOUS NOUS BATTONS CONTRE LES CIVILS MORTS DE NOS BOMBARDEMENTS OU DE LEURS CONSÉQUENCES. MORTS DE NOS MINES OU DE NOS VENTES D'ARMES.
CONTRE LES MÈRES QUI ONT DONNÉ NAISSANCE À DES ENFANTS HANDICAPÉS À CAUSE DES MUNITIONS À URANIUM APPAUVRI.
N'EST-IL PAS LOGIQUE QUE NOUS SOYONS TENU POUR RESPONSABLES DE CE QUE NOUS AVONS FAIT SUR TERRE ?
ET CES MASTODONTES SONT LA GARANTIE QUE NOUS, POLITICIENS, PERDRONS TOUJOURS LA GUERRE ÉTERNELLE.

ALORS POURQUOI POURSUIVRE LE COMBAT ?
PARCE QUE LES DIEUX-VER NOUS L'ONT ORDONNÉ. PARCE QU'ILS DOIVENT ÊTRE NOURRIS.
ET QUAND NOUS SOMMES DÉCHIQUETÉS, NOS CORPS REPOUSSENT À PARTIR DES RESTES. COMME LES VERS.
EH BIEN. IL EST TEMPS DE PAYER NOTRE DETTE KARMIQUE. ALLONS-Y, LES GARS !
À L'ASSAUT !
CES POLITICIENS SONT-ILS FOUS ?
OUI, ILS SONT FOUS. C'EST POUR CELA QU'ILS SONT POLITICIENS.

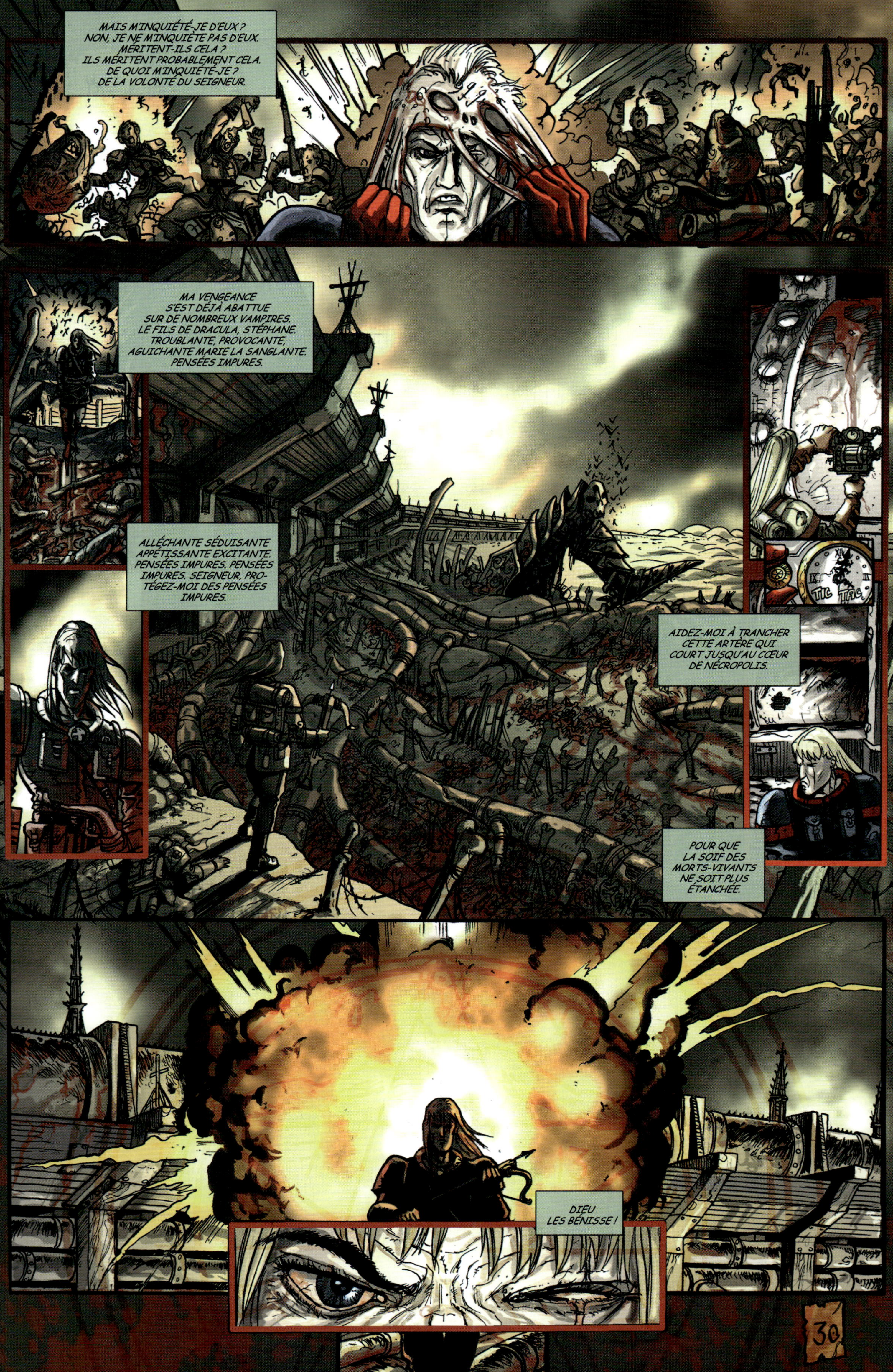
MAIS M'INQUIÈTÉ-JE D'EUX ? NON, JE NE M'INQUIÈTE PAS D'EUX. MÉRITENT-ILS CELA ? ILS MÉRITENT PROBABLEMENT CELA. DE QUOI M'INQUIÈTÉ-JE ? DE LA VOLONTÉ DU SEIGNEUR.
MA VENGEANCE S'EST DÉJÀ ABATTUE SUR DE NOMBREUX VAMPIRES. LE FILS DE DRACULA, STÉPHANE. TROUBLANTE, PROVOCANTE, AGUICHANTE MARIE LA SANGLANTE. PENSÉES IMPURES.
ALLÉCHANTE SÉDUISANTE APPÉTISSANTE EXCITANTE. PENSÉES IMPURES. PENSÉES IMPURES. SEIGNEUR, PROTÉGEZ-MOI DES PENSÉES IMPURES.
AIDEZ-MOI À TRANCHER CETTE ARTÈRE QUI COURT JUSQU'AU CŒUR DE NÉCROPOLIS.
POUR QUE LA SOIF DES MORTS-VIVANTS NE SOIT PLUS ÉTANCHÉE.
DIEU LES BÉNISSE !

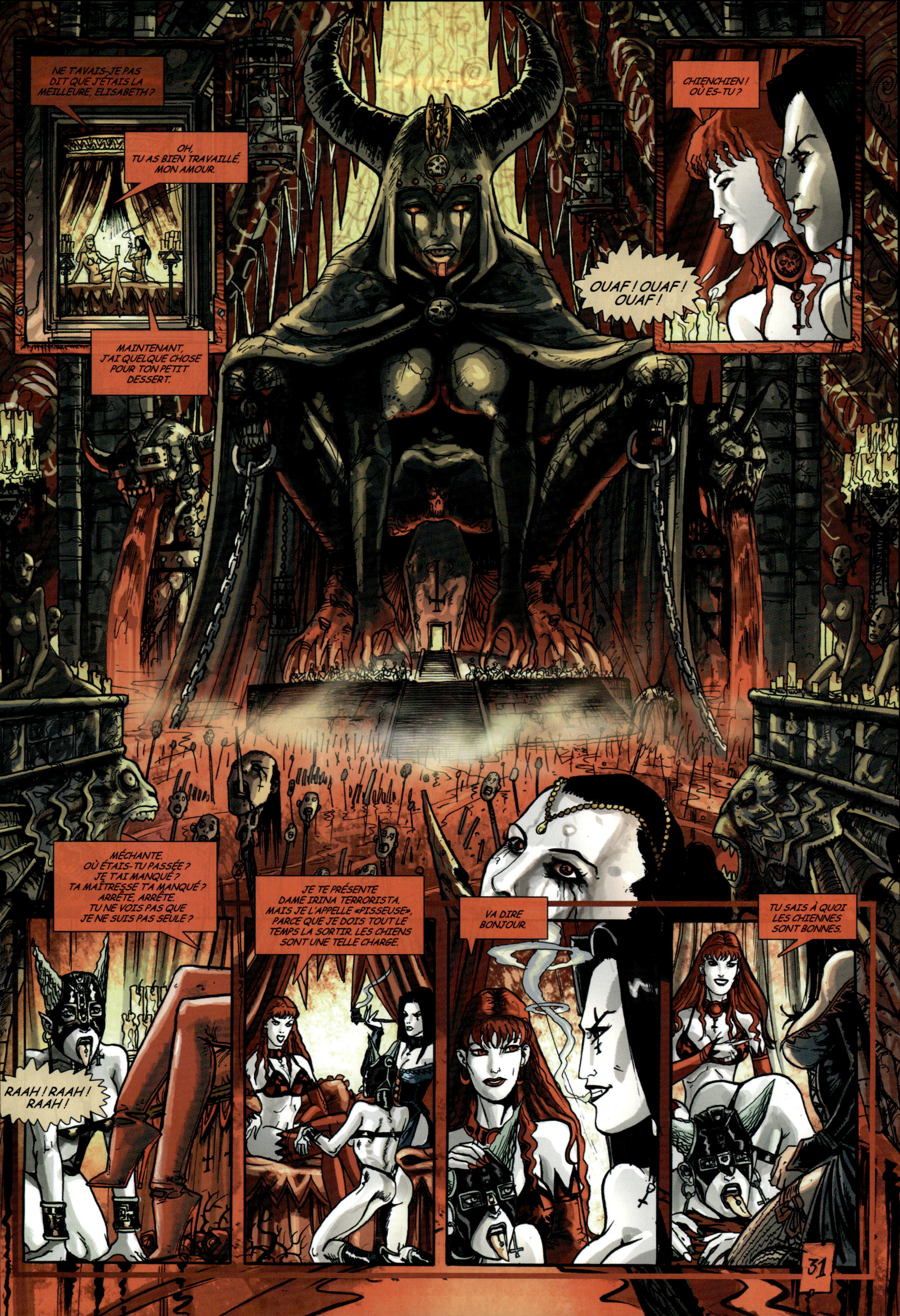
NE T'AVAIS-JE PAS DIT QUE J'ÉTAIS LA MEILLEURE, ELISABETH ?
OH, TU AS BIEN TRAVAILLÉ, MON AMOUR.
MAINTENANT, J'AI QUELQUE CHOSE POUR TON PETIT DESSERT.
CHIENCHIEN ! OÙ ES-TU ?
OUAF ! OUAF ! OUAF !
MÉCHANTE. OÙ ÉTAIS-TU PASSÉE ? JE T'AI MANQUÉ ? TA MAÎTRESSE T'A MANQUÉ ? ARRÊTE, ARRÊTE. TU NE VOIS PAS QUE JE NE SUIS PAS SEULE ?
RAAH ! RAAH ! RAAH !
JE TE PRÉSENTE DAME IRINA TERRORISTA. MAIS JE L'APPELLE «PISSEUSE», PARCE QUE JE DOIS TOUT LE TEMPS LA SORTIR. LES CHIENS SONT UNE TELLE CHARGE.
VA DIRE BONJOUR.
TU SAIS À QUOI LES CHIENNES SONT BONNES.

OK, SAMEDI. JE TE RETROUVE IL Y A UNE HEURE. DEVANT LA TOUR NOIRE.
IL FAUT QUE JE FILE, LIZ.
OÙ VAS-TU ?
JE PASSE PRENDRE MON UNIFORME, PUIS JE VAIS CHERCHER MA NOUVELLE VOITURE.
NON ! NE PARS PAS !
IL LE FAUT. NOUS DEVONS ASSURER LA SÉCURITÉ POUR DES ARCHÉOLOGISTES.
ILS RÉPARENT UN AQUEDUC DANS LES CHAMPS DE BATAILLE
ALORS JE VIENS AVEC TOI. LA PISSEUSE A BESOIN DE SORTIR, DE TOUTE FAÇON.
SUPER ! AINSI NOUS ALLONS VIVRE UNE VÉRITABLE AVENTURE ENSEMBLE ; TU AURAIS UN JEAN ET DES LUNETTES POUR MOI ?
BIEN SÛR. ET DE L'HUILE SOLAIRE.
ALORS, QUE PENSES-TU DE MA NOUVELLE VOITURE ? SPLENDIDE, NON ? STÉPHANE ME L'AVAIT OFFERTE JUSTE AVANT D'EXPIRER.
VRAIMENT ? NE ME MENS PAS. JE SAIS QUE TU LA VOLES.
BAH. IL N'EN A PLUS BESOIN, ET QUELQU'UN D'AUTRE L'AURAIT PRISE.

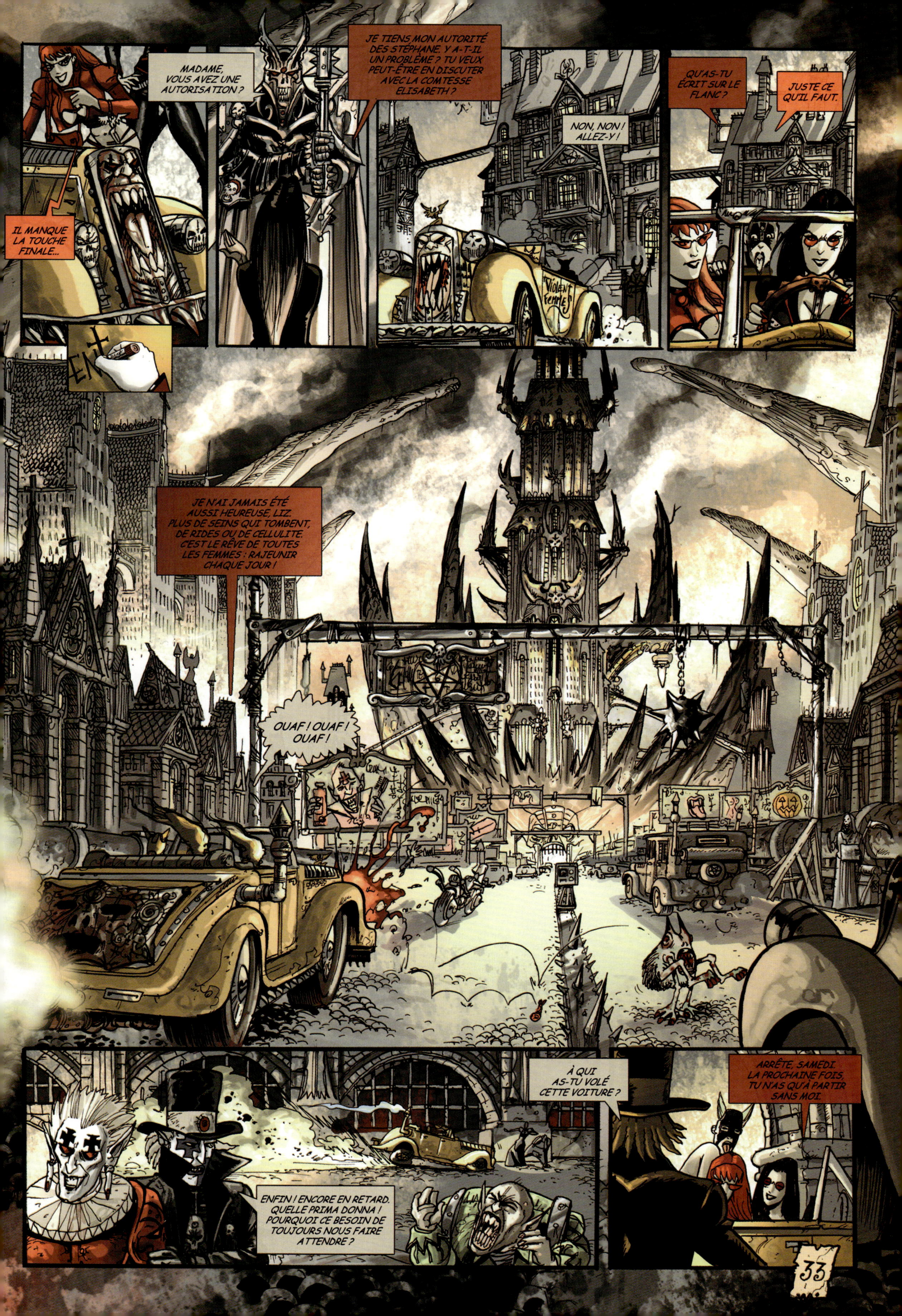
IL MANQUE LA TOUCHE FINALE...
MADAME, VOUS AVEZ UNE AUTORISATION ?
JE TIENS MON AUTORITÉ DES STÉPHANE, Y A-T-IL UN PROBLÈME ? TU VEUX PEUT-ÊTRE EN DISCUTER AVEC LA COMTESSE ELISABETH ?
NON, NON ! ALLEZ-Y !
Violent Femmes
QU'AS-TU ÉCRIT SUR LE FLANC ?
JUSTE CE QU'IL FAUT.
JE N'AI JAMAIS ÉTÉ AUSSI HEUREUSE, LIZ. PLUS DE SEINS QUI TOMBENT, DE RIDES OU DE CELLULITE. C'EST LE RÊVE DE TOUTES LES FEMMES : RAJEUNIR CHAQUE JOUR !
OUAF ! OUAF ! OUAF !
ENFIN ! ENCORE EN RETARD. QUELLE PRIMA DONNA ! POURQUOI CE BESOIN DE TOUJOURS NOUS FAIRE ATTENDRE ?
À QUI AS-TU VOLÉ CETTE VOITURE ?
ARRÊTE, SAMEDI. LA PROCHAINE FOIS, TU N'AS QU'À PARTIR SANS MOI.

OH ! BONJOUR, COMTESSE ELISABETH.
C'EST UNE VOITURE, OU UN REQUIN ? CLAUDIA, COMMENT PEUX-TU CONDUIRE UN REQUIN ? QUELLES GRANDES DENTS !
C'EST UN CHIEN OU UNE FEMME ? JE RÊVE ? PINCEZ-MOI, QUELQU'UN.
IL EST ENCORE SOUS L'EFFET DU FOIE DE ZUB.
IL Y A DU MEURTRE DANS L'AIR, MA CHÈRE.
WOUH OUH !
RIP ODB

C'EST ÉTRANGE DE TE VOIR AUSSI HEUREUSE, CLAUDIA. TU AS PEUT-ÊTRE OUBLIÉ ?
SI TU NE RENTRES PAS SUR TERRE POUR SACRIFIER CARLY LORS DE SON VINGT ET UNIÈME ANNIVERSAIRE, C'EST TOI QUE LES DÉMONS VONT SACRIFIER !
SAMEDI, IL FAUT SE DÉTENDRE. APPUIE SUR CE BOUTON ROUGE, JUSTE DEVANT TOI.
DES BOISSONS ? POURQUOI PAS ?
CLIC!
IL DEVENAIT LASSANT ! CIAO !
AH, « LE DÉPOTOIR » ! LE QUARTIER LE PLUS MAL FAMÉ DE NÉCROPOLIS ! C'EST TELLEMENT EXCITANT ! PRESQUE AUSSI BIEN QUE LE SEXE !
IL Y A TELLEMENT DE ZOMBIES ET DE GOULES ! LEQUEL ÉCRASER ? LE TOUT MOCHE, LÀ-BAS ?
ESSAIE DE BIEN LES CADRER. ON RAMASSERA PEUT-ÊTRE NOS PARTIES FAVORITES AU RETOUR.
JE NE CROIS PAS. JE NE LES AIME PAS EN PURÉE.

SI TU APPUIES SUR CE BOUTON, TU POURRAS PARTICIPER AU MASSACRE.
TU EN ES SÛRE, OU EST-CE UN AUTRE PIÈGE ?
JE NE TE FERAIS JAMAIS CELA, MON AMOUR.
MMM ! QUELLE FENTE ENVOÛTANTE !
CHIENNE, VA RENIFLER L'ÉCHAPPEMENT, JE DOIS M'OCCUPER DU BOUTON DE CLAUDIA.
TCHAK
AAAHH !
JE VAIS ME FAIRE CE ZOMBIE ! JE DÉTESTE CE RAMASSIS DE PAUMÉS MÉDIOCRES ET BAVEUX !
HAA, HAA, HAA !
À TON TOUR D'APPUYER SUR UN BOUTON, MORTIS.
OK...

REGARDE-LA. J'ESPÈRE QU'ELLE N'EN FERA PAS TROP. ELLE ADORE RENIFLER LES GAZ D'ÉCHAPPEMENT. LA COLLE. LA PEINTURE. TOUS LES TOXIQUES.
MERDE, MES LUNETTES !
CLING !
VOYONS SI STÉPHANE EN AVAIT UNE PAIRE DE RECHANGE.
DOUZE PAIRES DE MARQUE ! QUEL ESCLAVE DE LA MODE ! TIENS, « VAMPAGRA, RIGIDITÉ CADAVÉRIQUE GARANTIE ». ET UNE CHÈVRE GONFLABLE.
QUEL DOMMAGE. STÉPHANE EST MORT SANS AVOIR EU LE TEMPS DE L'ESSAYER.
BÊÊÊÊÊ ! OH, OUI, STÉPHANE ! ENCORE ! BÊÊÊÊÊ !
ELLES TE VONT BIEN. TRÈS BIEN. ELLES SONT FAITES POUR TOI.
SSSSSSSSSS !
« LÀ-BAS, DEVANT, DEVRAIT SE TROUVER UN HOMME EN NOIR. »
QUE VEUT-IL ?
JE CROIS QU'IL VEUT QU'ON S'ARRÊTE.
J'AIME BIEN SON MANTEAU.
HUM. J'AI L'IMPRESSION QUE C'EST UN FRIMEUR.
IL NE M'INSPIRE PAS CONFIANCE. ÉCRASE LE CHAMPIGNON !

APPLATIS-LE !
FAIS-EN UNE CRÊPE !
KRASH !
QUEL REGRETTABLE ACCIDENT !
MON MANTEAU ! ELLES ONT ABÎMÉ MON MANTEAU !
38

MERDE ! IL NOUS POURSUIT !
TAKATAKATA
POW ! POW ! POW ! POW ! POW ! POW ! POW !
CE N'EST PAS POSSIBLE, LES EMPALEURS N'ONT AUCUN EFFET SUR LUI ! QUEL GENRE DE CRÉATURE EST-CE ?
IL GAGNE SUR NOUS ! SÈME-LE, CLAUDIA !
JE N'Y ARRIVE PAS ! J'AI BESOIN D'UNE ROUTE DÉGAGÉE ! APRÈS CE VIRAGE !

OH, MERDE.
EH, MEC. T'ÉTAIS DU MAUVAIS CÔTÉ DE LA ROUTE.
TU DEVRAIS REGARDER OÙ TU VAS.
TU ES UN VAMPIRE ? NOUS SOMMES DES FANS ! NOUS ALLONS AU SLIME LIGHTS. TU Y ES DÉJÀ ALLÉ ? C'EST LE PLUS GRAND CLUB GOTH DE NÉCROPOLIS !
ÇA TE PLAÎRAIT, MEC.
TU POURRAIS TATOUER TON NOM SUR MON ÉPAULE ?
TAISEZ-VOUS.

EH, C'ÉTAIT UN ACCIDENT.
NOUS SOMMES INNOCENTS.
ACCIDENT. INNOCENT. EST-CE QUE JE VOUS AI DEMANDÉ DES COMMENTAIRES ? VOUS ÊTES DE LA POLICE ? JE SUIS L'INSPECTEUR GOL GOTHA. JE SUIS LA LOI, ICI !
OUI, MONSIEUR. BIEN SÛR, MONSIEUR.
QU'EST-CE QUE JE VIENS DE DIRE ? TAISEZ-VOUS.
JE N'AI PAS ÉTÉ ASSEZ CLAIR ?
PERSONNE N'EST INNOCENT, ET JE DOIS PUNIR CEUX QUI SE PRÉTENDENT INNOCENTS.
PARCE QU'ILS MENTENT. ET JE HAIS LES MENTEURS.
LES COUPABLES SONT HONNÊTES. DANS CE MONDE, CE SONT LES COUPABLES QUI RENTRENT DANS LA POLICE.
COMME MOI.
ET LES INNOCENTS, COMME VOUS, SONT DES CRIMINELS.

SI VOUS M'AVIEZ DIT QUE VOUS ÉTIEZ COUPABLES, VOUS M'AURIEZ PLU. JE VOUS AURAIS APPRÉCIÉS. VOUS M'AURIEZ ÉTÉ SYMPATHIQUES. VOUS AURIEZ PEUT-ÊTRE MÊME SURVÉCU.
PEU PROBABLE, MAIS POSSIBLE.
JE SUIS COUPABLE ! JE SUIS COUPABLE !
DÉCIDE-TOI. MAIS C'EST TROP TARD, DE TOUTE FAÇON.
ILS ONT DÉTRUIT MON MANTEAU. ILS MÉRITAIENT UNE LEÇON.
QUANT À VOUS, FEMMES VIOLENTES... JE VAIS VOUS EXPLIQUER CE QUE C'EST QUE LA VIOLENCE.
VOUS NE M'ÉCHAPPEREZ PAS NON PLUS.
JE VOUS RETROUVERAI !

Les champs de bataille.
NOUS Y SOMMES ENFIN. OUAH ! N'EST-CE PAS GÉNIAL ?
L'ODEUR DU CARNAGE M'EXCITE.
AH, DEMONA. TU TES ENFIN DÉCIDÉE À NOUS REJOINDRE. OÙ SONT MORTIS ET SAMEDI ?
ON LES A PERDU EN ROUTE. ILS ONT PRIS UN AUTRE CHEMIN. JE SUIS SÛRE QUILS VONT BIENTÔT ARRIVER.
COMTESSE ELISABETH ! MAJESTÉ ! SI J'AVAIS SU QUE VOUS VENIEZ, J'AURAIS RENFORCÉ LA SÉCURITÉ !
PAS DE PROBLÈME. CLAUDIA ET LA PISSEUSE ASSURERONT MA PROTECTION.
MAIS NOUS SOMMES EN ÉTAT D'ALERTE MAXIMUM. CE SABOTAGE POURRAIT ÊTRE L'ŒUVRE DE L'ÉTRANGER.
TU VEUX PARLER DU PÈLERIN ?
CE POURRAIT ÊTRE N'IMPORTE LEQUEL DE CES POLITICIENS QUI PARTENT À L'ASSAUT.
BÉÉÉ ! BÉÉÉ ! BÉÉÉ !
IL S'INJECTE PEUT-ÊTRE DES DÉODORANTS POUR QUE NOUS NE PUISSIONS PAS SENTIR L'ODEUR DU VIVANT.

L'ALIMENTATION SANGUINE PRINCIPALE DE NÉCROPOLIS ?
OUI. NOUS AVONS CRÉÉ LA GUERRE ÉTERNELLE POUR QUE LES POLITICIENS ET LEURS VICTIMES SE MASSACRENT.
LE SANG QU'ILS VERSENT SUR LE CHAMP DE BATAILLE EST COLLECTÉ À TRAVERS UN RÉSEAU SOUTERRAIN ET TRANSFÉRÉ JUSQU'À UNE RAFFINERIE.
SI NOUS LES LAISSIONS FAIRE, LES POLITICIENS GAGNERAIENT.
PARCE QU'ILS ONT PLUS LE GOÛT DU SANG, L'INSTINCT DU TUEUR.
ALORS NOS TANKS SOUTIENNENT LES VICTIMES...
PISSEUSE ! ARRÊTE DE BOIRE CE SANG ! IL N'A PAS ÉTÉ RAFFINÉ !
SI TU CONTINUES, JE TE RAMÈNE À LA VOITURE.
QUELLE SURPRISE... LA COMTESSE ELISABETH BATHORY, LA PLUS GRANDE PÉCHERESSE QUI SOIT...
JE DOIS IGNORER SA POITRINE OPULENTE. SES FORMES CHARNUES. SES PULPEUX RENFLEMENTS. PENSÉES IMPURES. PENSÉES IMPURES.
JE VOUS PROUVERAI, SEIGNEUR, QUE JE SUIS VOTRE ESCLAVE ET NON CELUI DE MES PENSÉES IMPURES.

LE PÈLERIN... IL EST VIVANT. COMMENT PEUT-ON ÊTRE VIVANT EN CE MONDE ? NOUS SOMMES TOUS MORTS.
AUCUNE IDÉE. JE DOIS POURSUIVRE MON TRAVAIL. JE NE DOIS PLUS ÊTRE DÉRANGÉ, MADAME.
JE SUPPOSE QU'IL EST ENTRÉ PAR LA PORTE DES ENFERS. MAIS COMMENT VA-T-IL RETOURNER SUR TERRE ?
JE N'EN SAIS PAS PLUS QUE TOI.
JE SUIS SÛRE QUE SI. APRÈS TOUT, LES ARCHÉOLOGISTES SAVENT TOUT DE TOUTES LES INVENTIONS DE TOUS LES TEMPS.
ÉVIDEMMENT. ET NOUS LES ENFOUISSONS AFIN D'INTERDIRE TOUT PROGRÈS.
IL DOIT BIEN Y AVOIR DES INVENTIONS QUE VOUS N'ENFOUISSEZ PAS ? LE PÈLERIN A PEUT-ÊTRE UNE MACHINE POUR VOYAGER À TRAVERS LE TEMPS ET L'ESPACE ?
J'AI DIT CE QUE J'AVAIS À DIRE, MADAME.
MAIS NOUS SOMMES DU MÊME BORD. FAUT-IL DONC QUE JE T'ARRACHE LES MOTS DE LA BOUCHE ?
OU QUE JE LES EXTRAIE DOUCEMENT ?

AINSI, CELA S'APPELLE UNE TELEVIZA?
OUI, L'ENGIN RELIE LES DEUX MONDES, RÉSURRECTION ET LA TERRE. TOUS COMME NOUS SOMMES LIÉS.
ON GLISSE UNE CARTE DANS LA MACHINE, ET L'ON EST TRANSPORTÉ À TRAVERS LA PORTE DES ENFERS. TECHNOLOGIE DU VINGT-NEUVIÈME SIÈCLE.
INTÉRESSANT... LA TÉLÉVIZA EST EXACTEMENT CE QU'IL ME FAUT. ELLE VA RÉGLER LE PLUS GROS PROBLÈME DE MA MORT.
CONTINUE.
LA BUVEUSE DE SANG EST DANS MA LIGNE DE MIRE... LA MORTE-VIVANTE. LA TENTATRICE. CULOTTE. BAS. PORTE-JARRETELLES. SOIE. SATIN. PENSÉES IMPURES. PENSÉES IMPURES.
VAIS-JE METTRE FIN À L'EXISTENCE DE CETTE PAUVRE PÉCHERESSE ? OUI, JE VAIS METTRE FIN À L'EXISTENCE DE CETTE PAUVRE PÉCHERESSE.
MAIS OUI C'EST UN BEL OS, CHIENCHIEN !
PISSEUSE !
NON !
DIEU TE BÉNISSE !

UNE SI BONNE CHIENNE, ELLE S'EST SACRIFIÉE POUR MOI, MA CHÈRE PISSEUSE...
SEUL UN PROJECTILE D'ARGENT PEUT EXPIRER UN VAMPIRE. ÇA NE VIENT PAS DES COMBATS. CE DOIT ÊTRE LE PÈLERIN.
LE COUP EST VENU DE CETTE DIRECTION.
OK, JE VAIS ALLER VOIR.
NON, CLAUDIA - NE PREND PAS CE RISQUE ! TU T'AVENTURERAIS TOUTE SEULE EN TERRE INCONNUE ! JE NE VEUX PAS TE PERDRE AUSSI !
MAIS IL LE FAUT, MON AMOUR. QUELQU'UN DOIT L'ARRÊTER.
ET JE SUIS CERTAINE QU'IL A UNE TELEVIZA. LE SEUL MOYEN DE RETOURNER SUR TERRE POUR M'OCCUPER DE MON ADORABLE FILLE.
47

JE T'AI DONNÉ LA VIE, CARLY. ALORS JE PEUX TE LA REPRENDRE.
JE SUIS LA SEULE QUI A CE DROIT, PARCE QUE JE T'AIME TANT.
NE T'INQUIÈTE PAS, MA PETITE, TA CHÈRE MAMAN VA BIENTÔT RENTRER À LA MAISON !
« À SUIVRE »

DANS LA MÊME COLLECTION :

PAT MILLS / FRANCK TACITO
CLAUDIA CHEVALIER VAMPIRE

LA PORTE DES ENFERS

FEMMES VIOLENTES

PAT MILLS / OLIVIER LEDROIT
REQUIEM CHEVALIER VAMPIRE

RESURRECTION

DANCE MACABRE

DRACULA

LE BAL DES VAMPIRES

DRAGON BLITZ

HELLFIRE CLUB

LE COUVENT DES SOEURS DE SANG
À PARAÎTRE

nickel

CLAUDIA T.2 : Femmes violentes

NICKEL PRODUCTIONS
8, allée du Loing - 91170 VIRY-CHATILLON
www.nickel-editions.com

Dépôt légal : décembre 2006
ISBN : 978-2-9144-2018-1

Imprimé en France par
PPO Graphic, 91120 Palaiseau